Ejército de los Estados Unidos

Julie Murray

ABDO
FUERZAS ARMADAS
DE LOS ESTADOS UNIDOS
Kids

www.abdopublishing.com

Published by Abdo Kids, a division of ABDO, PO Box 398166, Minneapolis, Minnesota 55439.

Copyright © 2015 by Abdo Consulting Group, Inc. International copyrights reserved in all countries.
No part of this book may be reproduced in any form without written permission from the publisher.

Printed in the United States of America, North Mankato, Minnesota.

072014

092014

Spanish Translators: Maria Reyes-Wrede, Maria Puchol

Photo Credits: AP Images, Getty Images, iStock, Shutterstock, Thinkstock,
© Keith McIntyre / Shutterstock p.1, © The U.S. Army / CC-BY-2.0 p13,15,21

Production Contributors: Teddy Borth, Jennie Forsberg, Grace Hansen

Design Contributors: Candice Keimig, Laura Rask, Dorothy Toth

Library of Congress Control Number: 2014938910

Cataloging-in-Publication Data

Murray, Julie.

[United States Army. Spanish]

Ejército de los Estados Unidos / Julie Murray.

  p. cm. -- (Fuerzas Armadas de los Estados Unidos)

ISBN 978-1-62970-388-6 (lib. bdg.)

Includes bibliographical references and index.

1. United States Army--Juvenile literature. 2. Spanish language materials—Juvenile literature.   I. Title.

355.00973--dc23

      2014938910

Contenido

Ejército de los Estados Unidos

El Ejército es la rama más grande de las **Fuerzas Armadas** de los Estados Unidos. Combaten en tierra.

4

La misión principal del Ejército

es mantener la seguridad de

los Estados Unidos.

Equipo

El Ejército usa equipo

especializado. Tienen

lentes de visión

nocturna para ver de noche.

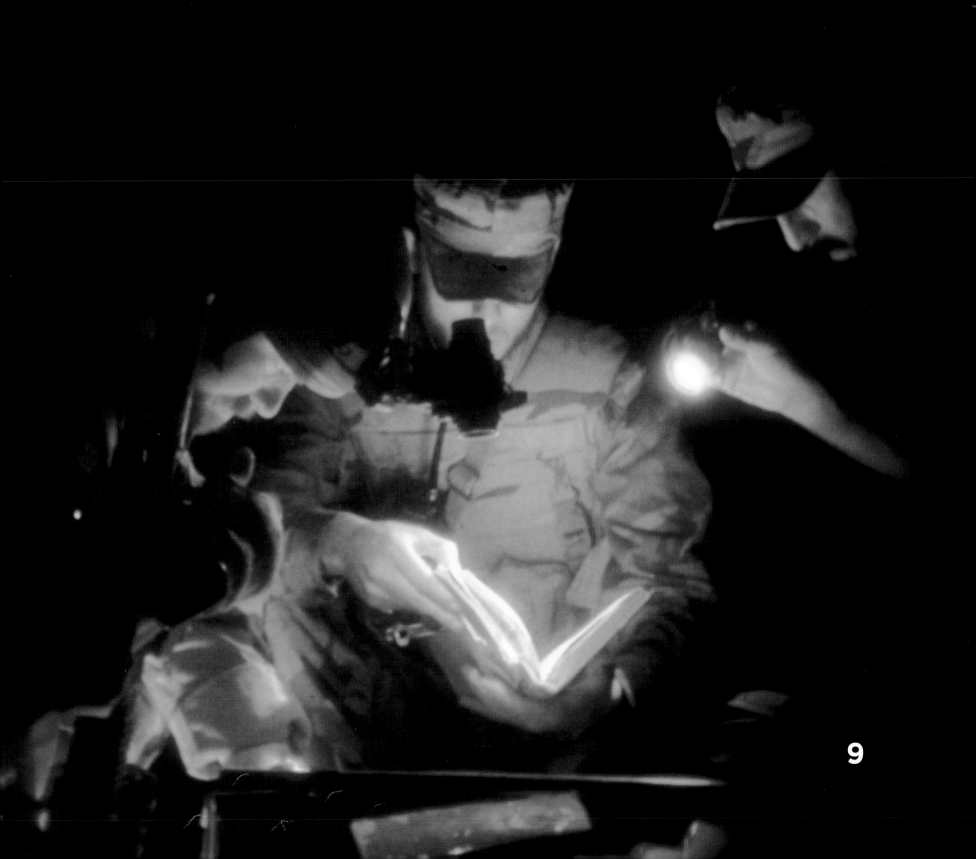

9

Usan trajes **camuflados**.

También usan **GPS** para

ubicar lugares.

10

Vehículos y armas

El Ejército usa muchos tipos

de **armas** diferentes. En las

batallas usan armas de fuego.

Usan **vehículos** de guerra.

El M2 Bradley es un vehículo

de guerra. También usan

helicópteros. El AH-64A

Apache es un helicóptero.

15

Trabajos

En el Ejército se pueden

cumplir diferentes funciones.

Los **paramédicos** brindan

los primeros auxilios a los

soldados heridos.

Los **paracaidistas** llegan

a la batalla en paracaídas.

Los cocineros preparan

comida para los soldados.

19

"Lo defenderemos"

¡El Ejército se encarga diariamente de la seguridad de la gente de los Estados Unidos!

Más datos

- Treinta, de los cuarenta y cuatro presidentes de los Estados Unidos, han formado parte del ejército. Veinticuatro de esos presidentes lo hicieron en tiempos de guerra.

- George Washington no sólo fue el primer presidente de los Estados Unidos, sino que también fue el primer comandante del Ejército del país.

- El Ejército de los Estados Unidos tiene más años que el propio país. El Ejército se creó el 14 de junio de 1775. Los Estados Unidos de América se forma como país el 4 de julio de 1776.

Glosario

arma – cualquier objeto que se usa para defenderse durante una batalla.

camuflaje – dibujos y colores especiales de la ropa que permiten que la personas se confundan con su alrededor.

fuerzas armadas – fuerza militar (tierra), naval (mar) y aérea (aire). Protegen y sirven a la nación.

GPS – abreviatura que significa Sistema de Posicionamiento Global. Usa los satélites del espacio para ubicar la posición de un vehículo, una persona u otros objetos.

paramédico – miembro del cuerpo militar de medicina. Si un soldado cae herido, un paramédico lo ayuda.

vehículo – cualquier medio de transporte. Un carro es un vehículo, hasta un trineo se considera un vehículo.

23

Índice

abdokids.com

¡Usa este código para entrar a abdokids.com y tener acceso a juegos, arte, videos y mucho más!

Código Abdo Kids:

UUK0946